Un viaje al zoológico

Deborah Chilek

Traducción al español: José María Obregón

Rosen Classroom en español

The Rosen Publishing Group, Inc.
New York

Estoy de visita en el zoológico. En el zoológico veo muchos animales.

En el zoológico veo osos polares. Los osos polares tienen pelaje blanco.

En el zoológico veo leones.
Los leones tienen pelaje marrón
y amarillo.

En el zoológico veo gorilas. Los gorilas tienen pelaje marrón, negro o plateado.

En el zoológico veo tigres. Los tigres tienen rayas en el cuerpo.

En el zoológico veo serpientes. Las serpientes tienen escamas en el cuerpo.

En el zoológico veo jirafas.

Las jirafas tienen largos cuellos.

En el zoológico veo elefantes.
Los elefantes tienen
largas trompas.

En el zoológico veo aves. Las aves tienen alas.

En el zoológico veo caimanes. ¡Los caimanes tienen dientes muy filosos!

Palabras que debes saber

(las) alas

(las) escamas

(las) rayas

(la) trompa